673

Création Harmonique

Étoile Musicale

1858

Vm 8532

CRÉATION HARMONIQUE

ÉTOILE MUSICALE

DÉDIÉE A MONSIEUR VINCENT MEMBRE DE L'INSTITUT

et composée pour Piano ou Orgue de quarts de tons

PAR

JOSEPH LUBET D'ALBIZ

Propriété de l'Auteur
et de M.ᵉ Ylaguirre

Prix net 4 francs.

GUIDE HARMONIQUE.

Se trouve chez l'Auteur
et chez les principaux
Éditeurs de Musique.

GRADUATEUR DE LA CRÉATION HARMONIQUE.

Marche indéfinie.

HARMONIE

GÉOMÉTRIQUE.

approuvée par un g.ᵈ nombre de nos meilleurs Artistes.

La Création harmonique se forme de trois accords :
le premier est la consonnance parfaite ; le second la consonnance
imparfaite ; et la troisième la dissonance. Sa marche est interminable. Sa base
chromatique. Ses effets montent et descendent d'une manière continue. Sa devise est la
marche contraire.

1858

DÉCOUVERTE MUSICALE
HARMONIE GÉOMETRIQUE(*)
Base invariable du Régulateur harmonique universel.
Système LUBET D'ALBIZ, appliqué au cadran de l'horloge pour abréger l'étude harmonique.
Dédié à tous les peuples en général.
GRADUATEUR MOBILE
de toutes les consonnances parfaites
et de toutes les consonnances imparfaites.
GRADUATEUR MOBILE
de toutes les dissonances
et de toutes les doubles dissonances.
Déposé selon la loi.
Propriété de l'Auteur
Prix net: 1f
Limite du côté droit.
Limite du côté gauche.
BIBLIOTHÈQUE IMPÉRIALE IMPR.
Nous nous réservons le droit d'appliquer ce système aux sciences et aux arts mécaniques.
Paris 15 Août 1858.
Joseph Lubet d'Albiz
(*) L'harmonie géométrique a été indiquée par les cinq lignes de la portée musicale inventée par le célèbre Gui d'Arrezzo.
Incessamment nous publierons les explications et les graduateurs mobiles appliqués à ce Régulateur. Ces graduateurs formeront une méthode d'harmonie facile et d'une grande portée.
1858

CRÉATION HARMONIQUE

de

J. LUBET D'ALBIZ.

A L'étoile musicale formée de douze demi-tons, nous dicte la loi chromatique; et la loi chromatique établit la marche contraire comme élément parfait engendré par l'équilibre tonal; l'équilibre tonal établit les cinq lignes de la portée harmonique.

Animato.
Accelerando.
Crescendo.
Vivo.
a Tempo.
Elegante. P
f Turbato.
Préparation appelée
révolution harmonique.
Changement sphérique.
Compas harmonique,
équilibre des bémols et des dièzes.
Ordre naturel.
Morendo.

Les guides de la série chromatique et le régulateur harmonique, nous feront voir la signification triangulaire et les particularités de tous les signes géométriques que nous avons appliqués à la Création harmonique.

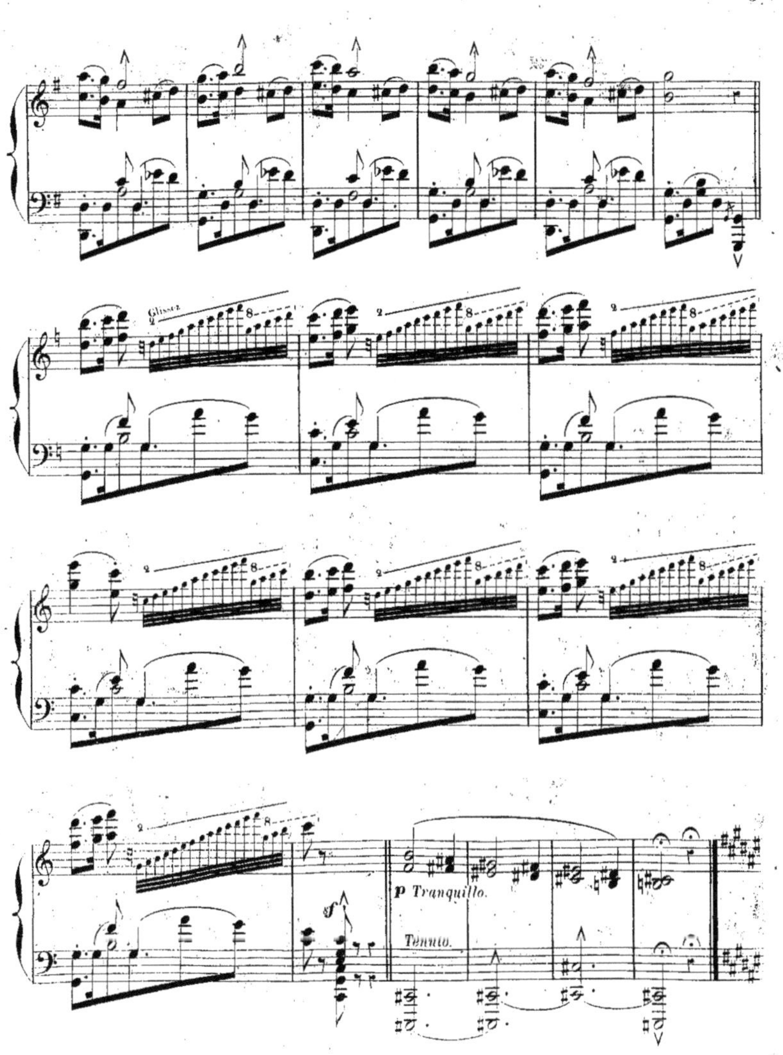

Equilibre mathématique de l'échelon harmonique
formé par la création harmonique.
Animato. poco
a - poco - vivo - cres - cen - do.
f
p Tranquillo.

M Le triangle, signe de perfection se forme de l'ordre harmonique et renferme en lui la signification de l'ordre, de l'union et de la diversité: ordre, par sa base numérique, union pour ses distances parfaites et diversité par la dégénération harmonique des notes naturelles en bémols, des bémols en diézes, des diézes en naturelles, des tóns entiers en demi-tons, des demi-tons en quart-de-tons. etc.

9 782019 992248